DECLARATION DV ROY,

PORTANT REGLEMENT
pour le nouueau prix donné aux Especes
d'argent legeres & rognées : Ensemble
pour l'obseruation des prix de l'or & argent employez aux ouurages d'Orfeurerie. Et defenses de fondre les Monoyes,
& les transporter ny autres matieres d'or
& d'argent hors du Royaume.

Donnée à Versailles le 29 octe 1640.

N° 194   ur des Monoyes le 30. Octobre,
        six cens quarante.

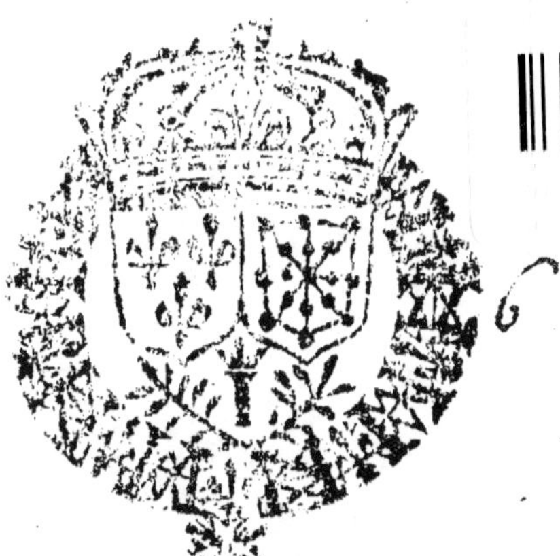

A PARIS,
Chez SEBASTIEN CRAMOISY,
Imprimeur ordinaire du Roy, & de la
Cour des Monoyes, ruë Sainct
Iaques, aux Cicognes.

M. DC. XL.

Auec Priuilege de sa Maiesté

DECLARATION DV ROY,

PORTANT REGLEMENT

pour le nouueau prix donné aux Especes
d'argent legeres & rognées : Ensemble
pour l'obseruation des prix de l'or & argent employez aux ouurages d'Orfeurerie. Et defenses de fondre les Monoyes,
& les transporter ny autres matieres d'or
& d'argent hors du Royaume.

Donnée à Versailles le 29 oct.ᵉ 1640.

*Verifiée en la Cour des Monoyes le 30. Octobre,
mil six cens quarante.*

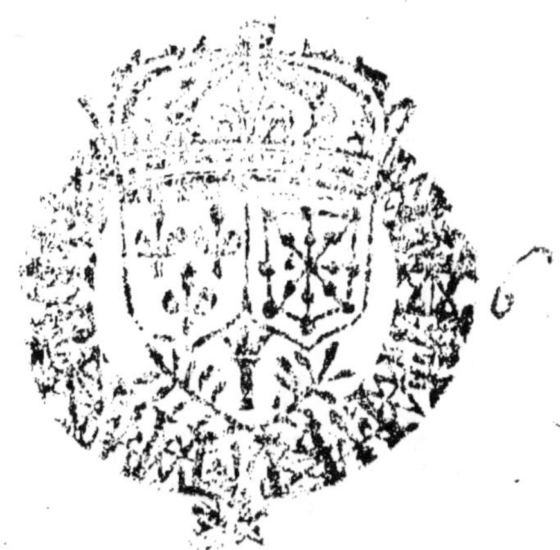

A PARIS,

Chez SEBASTIEN CRAMOISY,
Imprimeur ordinaire du Roy, & de la
Cour des Monoyes, ruë Sainct
Iaques, aux Cicognes.

M. DC. XL.

Auec Priuilege de sa Maiesté.

LOVIS par la grace de Dieu Roy de France & de Nauarre. A tous ceux qui ces preſentes Lettres verront, Salut. Ayant par nos Lettres de Declaration du dix-huictieſme du preſent mois, verifiées en noſtre Cour des Monoyes le vingt-quatrieſme dudit mois, ordoné entre autres choſes, Que le prix des eſpeces d'argent legeres ſeroit diminué en les expoſant à proportion des Grains qui manqueroient, ſuiuant l'eualuation qui ſeroit faite de chacun Grain par noſtre Cour des Monoyes, ſelon le titre & la valeur interieure de chacune eſpece, par vn Tarif qui ſeroit imprimé & publié auec ladite Declaration, Novs auons receu diuer-

ses plaintes de la perte que soufri-
roient nos Suiets, en l'exposition des
especes legeres, sur le prix de ladite
eualüation faite à raison du titre, &
non du cours desdites especes, & que
d'ailleurs ce seroit vn moyen de les
faire transporter hors de nostre
Royaume, & aux Afineurs, Orfeures, & autres qui trauaillent d'or &
d'argent de fondre ce qui en reste-
roit pour l'employer au luxe, & le
destourner de nos Monoyes, au
moyen des billonemens, surachat,
& suruente du Marc d'or & d'argent,
que font continuellement lesdits
Afineurs, Orfeures, & les Ioyalliers,
Merciers, Bateurs & Tireurs d'or &
d'argent, Graueurs, Doreurs, & autres trauaillans & trafiquans d'or &
d'argent ; & de la fabrication de
quantité d'ouurages d'Orfeurerie, &
de poids excessif. Pour à quoy reme-
dier, Nos Predecesseurs de temps en

temps ont fait plusieurs & diuerses Ordonnances, lesquelles ont esté repetées és années 1554. & 1577. & neanmoins eludées par les dessusdits, faute d'auoir esté punis selon la rigueur d'icelles. Ce qui nous auroit obligé d'y pouruoir par nos Lettres de Declaration du vingtiesme Decembre 1636. verifiées en nostre Cour des Monoyes le 8. Ianuier ensuiuant: nonobstant lesquelles le desordre n'a pas laissé de continuer souz diuers pretextes. Surquoy & sur les diuerses propositious qui nous ont esté faites par aucuns Banquiers, Marchans & Negotians de nostre bonne Ville de Paris, pour le soulagement de nostre Peuple, facilité du Comerce, & pour empécher les fontes & transports desdites especes; Ayans mandé & pris l'aduis des principaux Oficiers de nostredite Cour des Monoyes, & nous estant fait reprefenter les Ordonances faites par les Roys nos predeceffeurs, & par nous en pareilles occurrences. SÇA-VOIR FAISONS, que pour ces cau-fes & autres grandes confiderations à ce nous mouuans, ayans fait mettre cet afaire en deliberation en noftre Confeil, où eftoient aucuns Princes, Seigneurs, & grans Perfonages : De l'aduis d'iceluy, & de noftre certaine fcience, pleine puiffance & auto-rité Royale, Novs auons dit, de-claré & ordoné, difons, declarons & ordonons par ces prefentes fi-gnées de noftre main, voulons & nous plaift, que dorefnauant à co-mencer du iour de la publication des prefentes, & atendant que nous ayons pourueu à la fonte & conuer-tiffement defdites Monoyes d'ar-gent legeres, toutes les efpeces d'ar-gent aufquelles nous auons donné cours par nos Lettres de Declaration

du mois de Iuin 1636. seront exposées
au prix porté par ladite Declaration,
pourueu qu'elles ne soient rognées,
& ne se trouuent legeres & diminuées
de leur iuste poids, par le fray & ma-
niment d'icelles, que de six Grains
pour les pieces de vingt sols apelées Quart d'escu , pour celles de
vingt-sept sols apelées Francs, pour
les Testons, & pour les Pieces estrangeres ayans cours par ladite Declaration à raison de trente sols & au dessus : De trois Grains pour les demies
& autres pieces Estrangeres au des-
sous de trente sols : & de deux Grains
pour les quarts desdites pieces , ensemble pour les Testons de Lo-
raine , Chelins d'Angleterre , & autres especes de plus bas prix. Et pour
le regard de celles qui se trouueront
rognées, & plus legeres qu'il n'est
specifié cy - dessus , elles n'auront
cours que pour leur poids, à raison

de vingt-cinq liures quatre sols pour le Marc des Quarts & demy Quarts d'escu; de vingt-trois liures cinq sols neuf deniers, pour le Marc des Francs, demy, & quarts de Franc; de vingt-quatre liures dix sept sols trois deniers, pour le Marc des Testons, & demy Testons; de vingt-cinq liures quatre sols, pour le Marc des Reaux, demy, quarts, & demy-quarts d'iceux; & les autres especes Estrangeres à proportion selon l'éualüation & Tarif qui en sera fait par nostredite Cour, & imprimé en suite des presentes. VOVLONS aussi que le pris DE TROIS CENS QVATRE-VINGTS QVATRE LIVRES par nous donné au Marc d'or fin, & DE VINGT-CINQ LIVRES au Marc d'argét le Roy, du titre d'onze Deniers douze Grains, par Arrest de nostre Conseil du dixiesme Septébre 1636. regiftré en nostreCour des Monoyes le 22. dudit mois, soit

éga-

également gardé par les Maiſtres de
nos Monoyes, Orfeures, & autres
trauaillans ou trafiquans d'or & d'argent tant nos Suiets qu'Eſtrangers; leur
faiſant, & à tous autres de quelque eſtat
qualité & condition qu'ils ſoient, de-
fenſes d'y contreuenir, acheter ny ven-
dre directement ou indirectement le
Marc d'or ou d'argent en maſſe ou lin-
got, en œuure ou hors d'œuure, à plus
haut prix, ſur peine de confiſcation des
matieres & vaiſſelles d'or & d'argent, de
cinq cens liures d'amende contre les
vendeurs, pareille amende & priua-
tion de la Maiſtriſe contre leſdits Orfeures, Afineurs & autres deſſuſdits
pour la prémiere fois, & de punition
corporelle pour la seconde. ENIOI-
GNONS auſdits Maiſtres des Monoyes,
Afineurs, & Orfeures chacun à leur eſ-
gard de faire bó & loyal Regiſtre & papiers ordinaires de toutes les matieres,
vaiſſelles, & ouurages d'or & d'argent

B

qu'ils acheterõt, où fera efcrit la quãti-
té, qualité & poids des ouurages & matieres qu'ils aurõt acheteés par chacun
iour, pour reprefenter lefdits Regiftres
& papiers quand ils en feront requis. Et
pour arrefter le luxe, & la trop grande
fuperfluité des ouurages d'or & d'argent qui eft auiourdhuy en noftre
Royaume, A v o n s auffi fait & faifons
tres-expreffes inhibitions & defenfes à
tous les Orfeures tant de Paris que des
autres Villes de noftre Royaume, de
faire à l'auenir aucuns ouurages d'or
excedans le poids de quatre onces, &
d'argent excedant fix Marcs, pour vne
feule perfone de quelque qualité &
conditiõ qu'elle foit, fans en auoir per-
miffion par nos Lettres patentes fel-
lées de noftre grand fceau, & regiftrées
en noftre Cour des Monoyes, à peine
de confifcation defdits ouurages, de
cinq cens liures d'amende contre lefdits Orfeures, & clofture de leurs Bou-

tiques pour la premiere fois, & punition corporelle en cas de recidiue; lef-
quelles feront expediées, fcellées gra-
tuitement , & regiftrées fans aucuns
frais, ny droits de Greffe. Voulons
fuiuant nos anciénes Ordonances fur le
fait de l'Orfeurerie que tous les Orfeures de noftre Royaume foient tenus
de véndre l'or & l'argent de leurs ouurages feparément de leurs façons, &
leurs façons à part, & à cette fin qu'ils
bailleront bordereaux fignez d'eux
contenant le pris de l'or & de l'argent
des ouurages par eux vendus & liurez,
& de la façon de chacune piece. Voulons que le Reglement qui a efté fait
par noftredite Cour des Monoyes le
huitiefme iour d'Aouft 1637. foit
publié & enregiftré en la Chambre
commune dudit meftier, & executé de
point en point felon fa forme & teneur, & que chacun defdits Orfeures
ayt en lieu eminent dans fa boutique

vn tableau où feront efcrites les valeurs des Marcs d'or & d'argent, à ce que nos Suiets en ayent conoiffance , & ne puiffent eftre furpris ny deceus. Et pour ce que nous fommes bien aduertis que la premiere & principale caufe du fur-hauffement du prix de l'or & de l'argent prouient defdits Afineurs, par l'encheriffement & furuente aux Orfe-vres, & autres de l'argent par eux afiné ; & au moyen de la fouftraction & fontes qu'ils font dans leurs maifons priuées des matieres deftinées à la fabri-cation de nos Monoyes ; ce qui en caufe entierement la ruine, quoy qu'ils n'ayent efté originairement inftitués que pour le trauail & l'auancement d'icelles : Novs voulons qu'ils foient tenus & contrains d'aller faire leurs fontes, afinages & departs dans les Hoftels de nos Monoyes, où nous voulons que les Fourneaux & Afinoi res qui y font de toute antiquité foient

restablies & rebasties le plus prompte-
ment que faire se pourra, & les repara-
tiõs d'icelles baillées au rabais & moins
disans en nostredite Cour des Monoyes, & les deniers qu'il conuiendra
pour cét effet fournis par les Treso-
riers de nostre Espargne és mains de
nos Receueurs generaux des boëttes,
pour estre employez ausdites repara-
tions. Et pour la conseruation de l'or &
de l'argent en nostre Royaume, Nous
faisons tres-expresses inhibitions &
defenses à tous nos Suiets, regnicoles &
estrangers de transporter hors nostre-
dit Royaume aucun or ou argent monoyé ou non monoyé, ny autres ouurages d'Orfeurerie, sur peine de confiscation des matieres & marchandises
& autres choses qui se trouueront em-
balées auec lesdites matieres & ouurages d'or & d'argent, charettes, harnois
& cheuaux, de cinq cens liures d'amende, & de punition corporelle. Vo v-

LONS que toutes nos Ordonances sur le fait de nos Monoyes, & celles du mois de Mars 1554. & Decembre 1636. pour le reglemét de l'Orfeurerie, soient exactement gardées & obseruées selon leur forme & teneur, fors & excepté pour l'estimation de la façon des ouurages d'Orfeurerie, nonobstát toutes Declarations & Arrests que lesdits Orfeures & autres Artisans pourroient auoir obtenu au contraire, lesquels nous auons reuoqué par ces presentes, & voulons que de toutes les contrauentions qui seront faites à nosdites Ordonances & ces presentes pour le fait de nosdites Monoyes, Orfeures, Afineurs, & leurs mestiers, & tout ce qui concerne le trafic & employ d'or & d'argent, il soit informé à la requeste de nostre Procureur general en ladite Cour par les Deputez d'icelle, Generaux Prouinciaux, & Gardes de nos Monoyes, pour estre les procés faits

& parfaits iufqu'à fentence definitiue
incluſiuement , nonobſtant oppoſi-
tions ou apellations quelconques que
nous voulons eſtre releuées en noſtre-
dite Cour des Monoyes , à laquelle,
entant que de befoin , Nous en auons
atribué toute Cour , iuriſdiction &
conoiſſance, enſemble de toutes les
contrauentions & diferens qui nai-
ſtront en execution de ces Preſentes ;
& icelle interdite à toutes nos Cours
de Parlement, & autres Iuges quelconques : luy enioignant de faire executer
noſdites Ordonances , fans fe depar-
tir ny diſpenfer de la rigueur des peines y contenuës , ny aucunement y
déroger : ce qui ne pourra eſtre fait
que par Nous, apres auoir ouy les Oficiers de noſtredite Cour. Si DONONS
en mandement à nos amez & feaus les
Gens tenans noſtre Cour des Monoyes , que nonobſtant le temps des
Vacations, ils ayent à faire lire, publier

& regiſtrer ces Preſétes, & le côtenu en icelles obſeruer & entretenir par tous nos Suiets de quelque condition qu'ils ſoient, ſans ſoufrir ou permettre qu'il y ſoit contreuenu en quelque ſorte & maniere que ce ſoit. ENIOIGNANT à noſtre Procureur general & ſes Subſti-tuts en nos Monoyes d'y tenir la main, & de certifier noſtredite Cour de leurs diligences & pourſuites. Et dautant que de ces preſentes l'on pourra auoir afaire en pluſieurs & diuers endroits, Novs voulons qu'au vidimus d'icelles fait par l'vn de nos amez & feaus Conſeillers & Secretaires, ou par le Greffier en chef de noſtre-dite Cour des Monoyes, foy ſoit adiouſtée cômme au preſent original, nonobſtant auſſi tous Edits, Ordonances, Declarations & Arreſts, ſoit de noſtre Conſeil ou de nos Parlemens, & autres Letres contraires, auſquelles quât à ce & aux dérogatoires des déro-

gatoires

gatoires y contenuës nous auons dé-
rogé & dérogeons par ces presentes:
CAR TEL EST NOSTRE PLAISIR. En
tesmoin dequoy nous auons fait
mettre nostre Seel à cesdites Presentes. Données à Versailles le vingt-
neufiesme iour d'Octobre l'an de
grace mil six cens quarante, & de
nostre regne le trente-vn. Signé
LOVIS. Et plus bas, Par le Roy,
DELOMENIE. Et sellées du grand
Seau de cire iaune sur double queuë.

Et plus bas est encoie escrit:

Leuës & regiftrées, oüy & ce reque-
rant Cartays Aduocat general pour le
Procureur general du Roy, pour eftre exe-
cutées felon leur forme & teneur, fui-
uant l'Arreft de ce iourd'huy. A Paris
ce trentiéme Octobre 1640.

Signé,   DELAISTRE.

C

EXTRAICT DES REGISTRES
de la Cour des Monnoyes.

Eu par la Cour les Lettres Patentes du Roy en forme de Declaration, données à Versailles le 29. du present mois, signées, LOVIS, & plus bas, Par le Roy, DELOMENIE, & seellées de cire iaune du grád Seel sur double queuë; Portant entre autres choses, Reglement pour le nouueau prix donné aux Especes d'argent legeres & rognées, en attendant qu'il ayt esté pourueu à la fonte & conuertissement desdites Monnoyes legeres: Ensemble pour l'obseruation des prix de l'or & argent qui s'emploient aux ouurages d'Orfeurerie, auec defenses aux Orfeures de faire aucuns ouurages d'or & d'argent excedans pour l'or le poids de quatre Onces, & l'argét de six Marcs; & de fondre les Monnoyes & les transporter, ne autres matieres d'or & d'argent hors du Royaume: Ainsi que

plus au long eſt contenu en ladite Declaration : Concluſions de Cartays Aduocat general, pour le Procureur general :
Tout conſideré. La Covr a ordonné &
ordonne que ſur le reply deſdites Lettres
en forme de Declaration ſera mis, qu'elles ont eſté leuës & regiſtrées és Regiſtres
de ladite Cour : Oüy, & ce requerant ledit Aduocat general, & qu'elles ſeront
leuës & publiées à ſon de Trompe & cry
public, & affiches miſes és Carrefours &
lieux publics & accouſtumez de cette Ville de Paris ; Et copies collationnées par le
Greffier de ladite Cour, par luy enuoyées
par les Prouinces de ce Royaume, tãt aux
Generaux Prouinciaux des Monnoyes,
qu'aux Iuges & Gardes d'icelles, Baillifs,
Seneſchaux, Preuoſts & autres Iuges de
cedit Royaume, pour eſtre pareillement
leuës & publiées, & tenir la main à l'execution & entretenement du contenu en
ladite Declaration, leſquels ſeront tenus
certifier la Cour de leurs diligences au
mois. Fait en la Cour des Monnoyes
le 30. Octobre 1640.

Signé, DELAISTRE.

EVALVATION OV TARIF

du prix du Marc & diminutions des Pieces d'argent legeres & rongnées mentionnées és Declarations du Roy, du mois de Iuin 1636. & 29. Octobre 1640. & Arrests de la Cour des Monnoyes des audit an 1636. & 30. dudit mois d'Octobre.

Pieces cy-deuant appellées Quarts d'escus.

Le Marc vaut	25. l. 4. f.
L'Once,	3. l. 3. f.
Le Gros,	7. f. 10. den. ob.
Le Denier,	2. f. 7. d. ob.
Le Grain,	1. d. pite $\frac{1}{4}$ de den.

Testons.

Le Marc vaut	24. l. 17. f. 3. den.
L'Once,	3. l. 2. f. 1. d. ob. p. $\frac{1}{8}$ de d.
Le Gros,	7. f. 9. d. semip. $\frac{7}{64}$ de d.
Le Denier,	2. f. 7. d. $\frac{15}{192}$ de d.
Le Grain,	1. d. p. $\frac{207}{460\frac{1}{8}}$ de d.

Francs.

Le Marc vaut	23. l. 5. ſ. 9. d.
L'Once,	2. l. 18. ſ. 2. d. ob. $\frac{1}{8}$ de d.
Le Gros,	7. ſ. 3. d. p. $\frac{5}{64}$ de d.
Le Denier,	2. ſ. 5. d. $\frac{7}{64}$ de d.
Le Grain,	1. d. ſemip. $\frac{45}{512}$ de d.

ESPECES D'ARGENT ESTRANGERES.

Realles d'Eſpagne.

Le Marc vaut	25. l. 4. ſ.
L'Once,	3. l. 3. ſ.
Le Gros,	7. ſ. 10. d. ob.
Le Denier,	2. ſ. 7. d. ob.
Le grain,	1. d. pite $\frac{1}{4}$

Ducatons de Milan, Florence, Sauoye, Veniſe, & Parme.

Le Marc vaut	25. l. 14. ſ. 6. d.
L'Once,	3. l. 4. ſ. 3. d. ob. p.
Le Gros,	7. ſ. 9. d. pite $\frac{3}{8}$
Le Denier,	2. ſ. 8. d. $\frac{5}{32}$
Le Grain,	1. d. p. $\frac{13}{64}$

Ducatons de Flandres.

Le Marc vaut	24. l. 7. ſ. 6. d.
L'Once,	3. l. 11. d. $\frac{1}{4}$
Le Gros,	7. ſ. 7. d. $\frac{13}{32}$
Le Denier,	2. ſ. 6. d. $\frac{5}{8}$
Le Grain,	1. d. p.

Ducatons d'Auignon.

Le Marc vaut	24. l. 8. ſ. 3. d.
L'Once,	3. l. 1. ſ. pite demy-pite.
Le Gros,	7. ſ. 7. d. ob. $\frac{3}{64}$
Le Denier,	2. ſ. 6. d. ob. $\frac{3}{64}$
Le Grain,	1. d. pite $\frac{11}{128}$

Philippes-dalles de Flandres.

Le Marc vaut	21. l. 8. ſ. 6. d.
L'Once,	2. l. 13. ſ. 6. d. ob. pite.
Le Gros,	6. ſ. 8. d. pite $\frac{1}{8}$
Le Denier,	2. ſ. 2. d. ob. pite. $\frac{1}{2}$
Le Grain,	1. d. $\frac{267}{2304}$

Patagons de Flandres.

Le Marc vaut   21. l. 12. ſ.
L'Once,   2. l. 14. ſ.
Le Gros,   6. ſ. 9. d.
Le Denier,   2. ſ. 5. d.
Le Grain,   1. d. pite.

Pieces des Prouinces vnies, Dalles au Lyon.

Le Marc vaut 17. l. 2. ſ.
L'Once,   2. l. 2. ſ. 9. d.
Le Gros,   5. ſ. 4. d. demy pite.
Le Denier,   1. ſ. 9. d. pite, demy p.
Le Grain,   obole, pite $\frac{9}{16}$

Pieces de Zelande à l'Aigle.

Le Marc vaut   18. l. 7. ſ. 6. d.
L'Once,   2. l. 5. ſ. 10. d.
Le Gros,   5. ſ. 8. d. $\frac{3}{4}$ ob. pite.
Le Denier,   1. ſ. 10. d. $\frac{11}{12}$ ob. pite $\frac{1}{8}$
Le Grain,   ob. pite $\frac{59}{72}$ de den.

Pieces de Frize dittes Gros Bonnet.

Le Marc vaut 20. l. 4. ſ.
L'Once,   2. l. 10. ſ. 6. d.
Le Gros,   6. ſ. 3. d. $\frac{3}{4}$ obole, pite.
Le Denier,   2. ſ. 1. d. $\frac{1}{4}$ pite.
Le Grain,   1. d. $\frac{15}{288}$

Pieces de Liege non contrefaites.

Le Marc vaut 18. l. 18. ſ.
L'Once,   2. l. 7. ſ. 3. d.
Le Gros,   5. ſ 10. d. $\frac{7}{8}$ ob. p. ſemyp.
Le Denier,   2. ſ. 1. d. $\frac{5}{8}$ ob. demy p.
Le Grain,   obole, pite, ſemyp. $\frac{63}{72}$

Dalles de l'Empire.

Le Marc vaut   22. l. 13. ſ. 9. d.
L'Once,   2. l. 16. ſ. 7. d. ob.
Le Gros,   7. ſ. ob. pite, $\frac{3}{16}$
Le Denier,   2. ſ. 3. d. pite, $\frac{1}{48}$
Le Grain,   1. d. $\frac{23}{68}$

Teſtons

Teſtons d'Orange.

Le Marc vaut,   20. l. 8. ſ. 9. d.
L'Once,   2. l. 11. ſ. 1. d. ſemip.
Le Gros,   6. ſ. 4. d. ob. $\frac{9}{64}$
Le Denier,   2. ſ. 1. d. ob. $\frac{3}{64}$
Le Grain,   1. d. $\frac{38}{512}$

Teſtons d'Antoine & Charles de Lorraine.

Le Marc vaut, 22. l. 10. ſ.
L'Once,   2. l. 16. ſ. 3. d.
Le Gros,   7. ſ. pite, demy p.
Le Denier,   2. ſ. 4. d. pite, ſemip.
Le Grain,   1. d. $\frac{11}{64}$

Teſtons d'Henry & Charles de Lorraine, & ceux de Metz.

Le Marc vaut,   19. l.
L'Once,   2. l. 7. ſ. 6. d.
Le Gros,   5. ſ. 11. d. $\frac{1}{4}$ pite
Le Denier,   1. ſ. 11. d. $\frac{3}{4}$ ob. p.
Le Grain,   ob. pite $\frac{15}{14}$

D

Teſtons au moulin de Lorraine.

Le Marc vaut, 19. l. 4. ſ. 9. d.
L'Once,   2. l. 5. ſ. 1. d. $\frac{1}{8}$ demy pite.
Le Gros ,   6. ſ. $\frac{37}{64}$ de d. $\frac{5}{64}$ obole
Le Denier,   2. ſ. $\frac{3}{64}$ de d.
Le Grain,   1. d. $\frac{1}{512}$

Teſtons de Dole.

Le Marc vaut,   18. l. 5. ſ. 6. d.
L'Once,   2. l. 5. ſ. 8. d. $\frac{1}{4}$ pite.
Le Gros,   5. ſ. 8. d. $\frac{17}{32}$ ob. $\frac{1}{32}$
Le Denier,   1. ſ. 10. d. $\frac{27}{32}$ ob. $\frac{1}{32}$
Le Grain,   obole, pite, ſemipit. $\frac{454}{512}$

Teſtons de Beſançon.

Le Marc vaut, 18. l. 18. ſ.
L'Once,   2. l. 7. ſ. 3. d.
Le Gros,   5. ſ. 10. d. ob. p. demy p.
Le Denier,   2. ſ. 1. d. $\frac{5}{8}$ ob. demy p.
Le Grain,   ob. pite, ſemip. $\frac{63}{72}$

PRIX ET VALEVR DE L'OR
dont trauaillent les Orfeures, & qu'ils employent en leurs ouurages.

Le Marc,	352. l.
L'Once,	44. l.
Le Gros,	5. l. 10. f.
L'Eftelin,	2. l. 4. f.
Le Denier,	1. l. 16. f. 8. d.
Le Felin,	11. f.
Le Grain,	1. f. 6. d. $\frac{1}{3}$

ENSVIT LA VALEVR ET LE
prix que l'on doit payer de l'argent à vnze deniers douze grains, tant en Maffe, que pour tous les ouurages d'Orfeurerie.

Le Marc,	25. l.
L'Once,	3. l. 2. f. 6. d.
Le Gros,	7. f. 9. d. $\frac{3}{47}$
Le demy Gros,	3. f. 10. d. $\frac{8}{1}$
Le Denier,	2. f. 7. d. $\frac{4}{1}$
Le Grain,	1. d. $\frac{10}{91}$

D ij

L'an mil six cens quarante le Mardy 30. Octobre, la Declaration du Roy cy-dessus, portant Reglement pour le nouueau prix donné aux Especes d'Argent legeres & rognées, &c. a esté leuë & publiée à son de trompe & cry public aux carrefours & autres lieux tant ordinaires qu'extraordinaires de cette ville & faux-bourgs de Paris, en la presence de nous Iean Gerin premier Huissier en ladite Cour des Monnoyes, Iacques Blondel, & Michel Rebours, Huissiers en icelle sous-signez, par Iean Iossier Iuré Crieur en ladite Ville, Preuosté & Vicomté de Paris, accompagné de trois Trompettes, commis de Pierre Gilbert, Gentian le Chable, & Noiret Iurez Trompettes du Roy esdits lieux; comme aussi a esté ladite Declaration affichée par nous en tous les lieux accoustumez de ladite ville & faux-bourgs de Paris, à ce qu'aucun n'en pretende cause d'ignorance. Signé Gerin, Blondel & Rebours.

Collationné aux Originaux par moy Conseiller & Secretaire du Roy, Maison & Couronne de France & de ses Finances, Greffier en chef de la Cour des Monnoyes.

INSTRVCTION POVR LA
connoiſſance du Marc, & des poids qui le compoſent.

LE Marc eſt compoſé de huið Onces en huið poids.

Le premier qui eſt la boëtte, peze quatre Onces autant que les ſept autres.

Le deuxieſme, deux Onces autant que les ſix.

Le troiſieſme, vne Once autant que les cinq.

Le quatrieſme, demy-Once autant que les quatre.

Le cinquieſme, deux Gros autant que les trois.

Le ſixieſme, vn Gros autant que les deux.

Le ſeptieſme demy Gros autant que le huið.

L'Once eſt compoſé de huið Gros.

La demie Once de quatre Gros.

Le Gros eſt compoſé de trois deniers, qui font ſoixante & douze Grains.

Le demy Gros de trente-ſix Grains.

Le Denier de vingt-quatre Grains.

Extraict du Priuilege du Roy.

PAr Grace & Priuilege du Roy, il est permis à SEBASTIEN CRAMOISY, Imprimeur ordinaire du Roy en sa Cour des Monoyes, d'imprimer tous les Edits, Ordonances, Reglemens, Arrests & toutes autres choses concernans le fait des Monoyes; faisant defenses à toutes persones de quelque estat, qualité & condition qu'elles soient, d'imprimer ou faire imprimer aucunes choses concernans le fait des Monoyes, à peine de confiscation de tout ce qui se trouuera auoir esté imprimé, de tous despens, dommages & interests, & d'amende arbitraire, comme il est porté par ledit Priuilege. Donné à Lyon le vingt-cinquiesme iour de Iuillet, mil six cens vingt-neuf. Signé, Par le Roy en son Conseil, POITEVIN. Et seellé du grand seel sur simple queuë en cire iaune.

EXTRAICT DES REGISTRES
de la Cour des Monnoyes.

ENTRE Sebastien Cramoisy, Marchand Libraire Iuré en l'Vniuersité de Paris, & seul Imprimeur du Roy pour le fait des Monnoyes, demandeur aux fins de l'exploict du vingt-huictiesme Iuillet mil six cens trente-six, tendant à ce que les exemplaires de la Declaration de sa Maiesté, & nouueau Reglement sur le fait des Monnoyes, ensemble les figures & portraits desdites Monnoyes emprainctes sur les Declarations saisies sur le defendeur cy apres nommé, soient confisquez au profit du demandeur, & pour la contrauention faite par ledit defendeur ausdits Edicts, Lettres Patentes du Roy, & Arrest de ladite Cour, ledit defendeur soit condamné en trois mil liures d'amende applicable au profit dudit demandeur en tous ses despens, dómages & interests, mesme en ceux reseruez par l'Arrest du Conseil Priué du Roy du 26. Octobre dernier, d'vne part. Et Anthonine Cheuillot Imprimeur du Roy, demeurant à Troyes, defendeur d'autre; Et encore le Procureur general du Roy en ladite Cour, interuenant d'autre part. Apres que Lambin Aduocat pour le demandeur, & Martin pour le defendeur, ensemble du Duit pour le Procureur general ont esté ouys: LA COVR a declaré & declare la saisie faite sur le defendeur à la requeste du demandeur, des feüilles, exemplaires, figures, portraicts, & bois, bonne & vallable, ordonne qu'elles demeureront confisquées au profit du demandeur, & à la representation d'iceux seront les gardiens côtraints par toutes voyes deuës & raisonnables, mesme par emprisonnement de leurs personnes, comme depositaires de biens de Iustice, quoy faisant demeureront déchargez; a fait & fait inhibitions & defenses audit defendeur contreuenir ny entreprendre sur le droict dudit Cramoisy, ny imprimer à l'aduenir aucune chose concernant le fait des Monnoyes, ny mesme contrefaire aux imprimez par le demandeur, sur les peines portées par l'Ordonnance, & condamne le defendeur aux dommages & interests enuers le demandeur, & en tous les despens, mesmes ceux reseruez par l'Arrest du Conseil. FAICT en la Cour des Monnoyes, le quatriesme May mil six cens trente-huict. DELAISTRE.